10 Tipps, mit denen Du der beste Trainer wirst, der Du sein kannst –

Der perfekte Ratgeber für ambitionierte Amateurtrainer

Wie Du in allen Altersklassen sofort erfolgreicher bist

Mark Saitz

Für C.

Inhaltsverzeichnis

„Nur wer selbst brennt, kann Feuer in anderen entfachen! –

Augustinus Aurelius (antiker Philosoph)

Weshalb dieses Buch entstanden ist

Charismatische Trainerpersönlichkeiten wie Ottmar Hitzfeld, Jupp Heynckes und Otto Rehhagel waren es früher, fußballverrückte Typen à la Jürgen Klopp und Pep Guardiola sind es heute, die zahlreiche Zuschauer vor den Bildschirmen und in den größten Stadien der Welt in ihren Bann ziehen. Diese Menschen haben alle eines gemeinsam: Sie leben den Fußball, sie essen ihn, sie träumen ihn, sie lieben ihn. Sie sind absolute Fachmänner. Alles in ihrem Leben dreht sich um das runde Spielgerät und die Frage, wie man es häufiger ins Tor bugsiert als der Gegner. Die meisten Trainerkoryphäen waren selbst jahrelang Profis auf höchstem Level und haben zeit- und kostenintensive Trainerlehrgänge erfolgreich abgeschlossen. Sie haben technisch, taktisch, methodisch und menschlich alles Nötige mit auf den Weg bekommen, um auf den Trainerbänken der größten und besten Vereine der Fußballwelt sitzen zu können.

Derartige Traumkarrieren sind natürlich längst nicht die Regel. Viele Menschen haben nicht die Möglichkeit, genug

Zeit und Geld zu investieren, um ein großer Trainer von internationalem Format zu werden. Auch das Glück, im richtigen Moment am richtigen Ort zu sein, spielt eine bedeutende Rolle. Wenn Dir das bewusst ist und Du trotzdem versuchst, Dich und deine Fähigkeiten ständig weiterzuentwickeln, wenn Du überlegst, wo Du gezielt ansetzen und was Du (selbst in Vereinen ohne üppiges Budget) in kurzer Zeit bewegen kannst, lege ich Dir die folgenden Seiten ans Herz. Du wirst sehen, wie leicht Du durch schlichtes Drehen an ein paar wichtigen Stellschrauben Verbesserungen hervorrufen kannst.

Träumen ist natürlich erlaubt, berechtigt und wichtig. Du solltest deine Ziele so hoch stecken wie möglich! Niemand wird Trainer, um nichts zu erreichen - und schon so Mancher hat es von ganz unten nach ganz oben geschafft…

Ich werde Dir 10 wertvolle und dennoch leicht umzusetzende Tipps an die Hand geben, die Dich bei dem Vorhaben, der beste Trainer zu werden, der Du sein kannst, unterstützen:

Du wirst einige Aspekte des schönsten Spiels der Welt aus einem anderen (weitsichtigeren) Blickwinkel sehen. Auch bereits erfahrene Linienchefs erhalten hilfreiche Anregungen und werden Situationen auf und neben dem Platz mit anderen (klügeren) Augen betrachten.

In dieses Buch bringe ich meine langjährige Erfahrung als Trainer diverser Jugend- und Seniorenmannschaften ein. Ich habe mir hunderte Profi- und Amateurspiele angeschaut und das Verhalten der jeweiligen Trainer studiert und analysiert. Auch im Jahr 2019 werden Amateurligen noch immer von engstirnigem Schubladendenken, veralteten Prinzipien und gravierenden Denkfehlern bestimmt. Dies hängt in erster Linie mit der Qualität der Trainer zusammen! Tagtäglich begegnen mir Methoden und Herangehensweisen, die mich nur mit dem Kopf schütteln lassen. Abgedroschene Phrasen und Schuldzuweisungen, lautstarke Kritik an eigenen und gegnerischen Spielern oder an der Leistung des Schiedsrichters bestimmen noch immer das Trainerbild im Amateurbereich.

Wer dieses Buch aufmerksam liest, wird fortan darauf achten, einige typische Fehler zu vermeiden. Sicherlich wirst Du auf Gedanken stoßen, zu denen Du eine andere Meinung besitzt. Vielleicht wirst Du nicht alles umsetzen wollen, was ich Dir vorschlage. Wie Du jedoch im Laufe dieses Buches erkennen wirst, ist das gar nicht mein Ziel.

Als Trainer sollte es jederzeit dein Bestreben sein, deinen Horizont zu erweitern und (bildlich gesprochen) deinen Trainer-Handwerkskasten mit nützlichen Tools aufzufüllen. Welche das letztlich sind, bleibt ganz allein Dir überlassen. Ich bin sicher, dass Du schon im nächsten Training von den Hilfestellungen, die Dir dieses Buch liefert, profitieren wirst!

Die angeführten Anregungen sind für Trainer aller Altersklassen relevant, wenngleich die Anforderungsprofile von Kinder-, Jugend- und Seniorentrainern selbstverständlich nicht deckungsgleich (sondern sogar sehr unterschiedlich) sind. Dieses Buch hat nicht den Anspruch, den Trainerjob ganzheitlich oder von Grund auf zu erklären. Ich werde Dir - nach einer kurzen Beschreibung der vier Kernkompetenzen eines guten Trainers - gezielte Tipps zu einzelnen Schwerpunkten geben.

Einige Seiten bieten genug Platz für deine eigenen Gedanken. Nimm Dir einen Stift zur Hand und denk mit!

Viel Spaß beim Lesen und Lernen!

Hinweis: Aus Gründen der besseren Lesbarkeit wähle ich fortan ausschließlich die männliche Form. Selbstverständlich lassen sich alle Themen und Tipps genauso gut auf den Frauenfußball anwenden. Und im Kern sogar auf viele andere Sportarten!

Was macht einen guten Trainer aus?

"Es gibt keinen besten Trainer der Welt. Es gibt nur gute und schlechte Trainer. Leider ist das Verhältnis zwischen gut und schlecht nicht optimal. Vielleicht 4:1 für schlecht." -

Ernst Happel
(ehemaliger Bundesligatrainer)

Titel und Erfolge sprechen für sich, aber ist man automatisch ein guter Trainer, weil man mit dem FC Bayern München die deutsche Meisterschaft gewinnt? Ist es nicht viel mehr wert, Fortuna Düsseldorf auf Platz 6 zu führen oder mit dem SC Freiburg die Klasse zu halten?

Wer ist der bessere Trainer – Pep Guardiola oder Jürgen Klopp? Jogi Löw oder Zinédine Zidane? Christian Streich oder Julian Nagelsmann?

Was denkst Du?

____

____

____

____

Schwierige Entscheidungen, denn im Fußball (wie in vielen anderen Bereichen des Lebens) gibt es nicht bloß schwarz und weiß: Subjektive Empfindungen, Vorlieben, Gefühle, Sympathien und Ausgangsverhältnisse spielen eine entscheidende Rolle, wenn es um die Bewertung eines Trainers und seinen Coaching-Fähigkeiten geht.

Die Vorbild-Funktion

Ein guter Trainer ist das Vorbild für seine Spieler. Er legt Ziele fest, gibt die Richtung vor und übernimmt Verantwortung. Er führt seine Mannschaft auf und neben dem Platz. Er ist immer und auf alles vorbereitet. Ein guter Trainer plant und lenkt. Er ist aber längst kein Diktator. Er kennt seine Spieler und bezieht sowohl sie als auch ihre Gefühle und Hintergründe in seine Entscheidungen ein. Er gibt nicht plump Lösungen vor, sondern bietet seinen Spielern Hilfestellungen, durch die sie lernen, Probleme eigenständig zu bewältigen. Er fördert Kreativität und gibt seiner Mannschaft Vertrauen in ihre eigene Stärke.

Ein guter Trainer studiert seine Spieler, seine Gegner und sich selbst ununterbrochen. Er reflektiert jede Entscheidung. Er ist absolut verlässlich, pünktlich und begeisterungsfähig. Ein guter Trainer ist so flexibel wie möglich und so konsequent wie nötig. Spieler können sich an ihm und seinen Vorgaben orientieren und darin Halt finden. Er ist nicht eitel, sondern gesteht Fehler ein und verschafft sich Respekt und Autorität durch Authentizität und Leidenschaft, durch Fachwissen und Empathie.

Ein guter Trainer schafft ein Umfeld, in dem seine Spieler Regeln austesten, aber Grenzen akzeptieren und höchstens die eigene Schmerzgrenze überwinden wollen. Er zieht Spieler durch seine Art, den Fußball zu leben, in seinen Bann – und nicht dadurch, dass er Spieler von sich überzeugen will. Einen guten Trainer erkennt man häufig vor allem daran, dass seine Spieler für ihn sprichwörtlich durchs Feuer gehen. Er weiß, dass Lob wirksamer ist als Kritik und animiert seine Jungs so zu persönlichen Bestleistungen.

Was gehört für Dich zu einem guten Trainer?

Regelkenntnis

So blöd es klingen mag, sollte ein guter Trainer übrigens auch die Wettkampf- und Durchführungsbestimmungen kennen. Du wirst vielleicht staunen, aber das ist längst nicht immer der Fall! Jeder weiß, was Abseits ist, aber es schadet nicht, auch ein paar Regeln zu kennen, von deren Anwendung nur selten Gebrauch gemacht werden muss.

Kleiner Test gefällig?

Was passiert zum Beispiel, wenn ein Abwehrspieler einen Freistoß zum eigenen Torwart zurückspielt, woraufhin dieser über den Ball tritt? Eigentor?

Falsch gedacht. Aus einer eigenen Standardsituation kann kein direktes Tor für den Gegner entstehen. Der Treffer zählt nicht. Es gibt Ecke für den Gegner.

Nächster Fall:

Marco Reus tritt zum Elfmeter an. Auf dem Weg ins Tor

platzt plötzlich der Ball. Zählt das Tor? Was passiert, wenn der Torwart den Ball hält?

Der Elfmeter muss in beiden Fällen wiederholt werden!

Aller guten Dinge sind drei:

Was geschieht laut Regelwerk, wenn ein Spieler noch vor Spielbeginn die rote Karte sieht? Sicherlich ein eher seltener Fall, aber soll auch durchaus schon vorgekommen sein.

Der Spieler ist natürlich gesperrt. Aber das Team darf einen anderen Spieler aufstellen und mit 11 Mann beginnen!

Halten wir fest, dass Du als Trainer auch in Ausnahmesituationen in der Lage sein solltest, deinen Spielern zu erklären, wie das Spiel fortgesetzt wird. Manchmal kannst Du deiner Mannschaft mit zusätzlichem Regelwissen sogar einen kleinen Vorteil verschaffen.

Die aufgeführten Qualitäten eines guten Trainers, lassen sich in vier übergeordnete Kompetenzen zusammenfassen:

- Sachverstand
- Sozialfähigkeit
- Methodik
- persönliche (Charakter-)Eigenschaften.

Doch anders als in der Mathematik sind diese Kompetenzen (und somit auch ein guter Trainer) nicht empirisch messbar. Häufig überschneiden sie sich und teilweise bedingen sie sich sogar.

Widmen wir uns also zunächst den vier Kernkompetenzen, die ein guter Trainer vereinen muss. Sobald wir diese abgegrenzt und näher beleuchtet haben, bringe ich Dir nahe, wie Du es schaffst, mit 10 konkreten Tipps der beste Trainer zu werden, der Du sein kannst.

In welchen der vier Kernkompetenzen siehst Du deine Stärken und Schwächen?

„Ein Trainer ist nicht ein Idiot. Ein Trainier sieht, was passieren in Platz." –

Giovanni Trapattoni

Vier Kernkompetenzen

Sachverstand

Die Basis für jeden Trainer (in jeder Sportart) ist zu wissen, wovon er spricht. Ein ausgeprägter Sachverstand ist durch nichts zu ersetzen! So wie ein Börsenmakler die aktuellen Aktienkurse kennen sollte, muss ein Fußballtrainer wissen, wie der Sport, in dem er seine Spieler ausbilden und verbessern möchte, funktioniert. Die besten Trainer sind absolute Fachmänner in den Bereichen Taktik und Technik. Sie haben sportwissenschaftlich eine Menge auf dem Kasten. Da der Fußball zunehmend athletischer und wissenschaftlicher wird, sind gute Trainer selbst in (scheinbaren) Randgebieten wie Ernährung, Pädagogik oder Psychologie enorm bewandert.

Es gibt zahlreiche Möglichkeiten, wie auch Du deine

Fachkompetenz auf ein höheres Niveau heben kannst. Hier sind einige Ausgewählte aufgelistet:

- Lehrbücher
- Filme, Videos
- Live-Spiele
- Podcasts
- Austausch mit Trainerkollegen

Das Internet liefert sehr viel gutes Material, das kostenlos oder für kleines Geld zur Verfügung steht. Es war noch nie leichter, gute Denkanstöße und hilfreiche Ideen zu sammeln. Nutze möglichst viel davon, um dein Wissen über grundlegende Elemente des Spiels zu vergrößern. Tue es für Dich und für deine Mannschaft. Es gibt nichts Schlimmeres, als wenn deine Jungs das Gefühl beschleicht, Du hättest keine Ahnung, wovon Du sprichst.

In den letzten Jahren sind taktische Gedanken immer wichtiger und vor allem medienpräsenter geworden, sodass sich die Kenntnisse auf diesem Gebiet auch in unteren Spielklassen mehr und mehr ausbreiten. Hierzu gibt es ebenfalls eine Vielzahl guter und detaillierter Lehrbücher. Leider hat diese Taktik-Revolution zu einer regelrechten Überfrachtung geführt, sodass sich einige Amateurtrainer nur noch mit taktischen Elementen beschäftigen. Sie vergessen, dass ihre Spieler überwiegend nicht in

Nachwuchsleistungszentren ausgebildet wurden und dass Taktik alleine kein Spiel gewinnt! Sie vernachlässigen das (Weiter-)Entwickeln eigener, essenzieller Fähigkeiten im sozialen Bereich.

Was gehört für Dich noch zum Thema Sachverstand?

____

____

____

____

____

____

____

____

____

____

Soziale Fähigkeiten

Soziale Fähigkeiten beinhalten in diesem Zusammenhang alle Interaktionen, die zwischen dem Trainer und Spielern oder Verantwortlichen (und weiteren Gruppen wie Zuschauern oder Sponsoren) stattfinden. Wichtige Kompetenzen wie Kommunikation, Menschenkenntnis und -Führung oder auch Motivation sind Elemente, die jeder gute Trainer vereint.

Er kann vor seine Spieler treten und adäquat mit ihnen kommunizieren. Er weiß, in welchem Umfeld er sich bewegt, welche Sprache und welche Kommunikationstechnik er wählt: Beim Training mit Kindern ist es komplett sinnlos, Wissen mithilfe hochtrabender Fachwörter zu vermitteln. Trainiert man eine erfahrene Seniorenmannschaft, muss in der Regel nicht jeder Begriff mehrfach erklärt werden.

Ein guter Trainer kann sehr gut motivieren und begeistern. Wir sind uns sicher einig, dass der FC Liverpool ohne Jürgen Klopps Emotionen ein ganz anderes Gesicht hätte. Der FC

Barcelona kann ein Lied davon singen…
Trainer müssen Entscheidungen treffen und in der Lage sein, Spieler zu navigieren, Aufgaben zu delegieren und diplomatisch zwischen Spielern, Betreuern, Vorstand und anderen Gruppen zu vermitteln. Einen guten Trainer zeichnet ein ausgeprägtes soziales Gespür aus. Er erfühlt heikle Situationen schon bevor sie auftreten. Ihm gelingt es, Konflikte zu verhindern und bereits aufgetretene Gefahrenherde zu ersticken.

Gute soziale Fähigkeiten sind sehr wertvoll und bei Spielern geschätzt. Sie lassen sich allerdings deutlich schlechter greifen als zum Beispiel Fachwissen. Der Bereich der sozialen Fähigkeiten führt unweigerlich zur dritten Kompetenz, die wir im Folgenden unter die Lupe nehmen wollen: der Methodik…

Nenne weitere wichtige soziale Fähigkeiten:

Methodik

Hinter dem Begriff der Methodik versteckt sich die Art der Organisation. Von der Planung einzelner Trainingsformen bis hin zu den Zielsetzungen für Wettbewerbe. Die Methodik eines Trainers beschreibt einfach gesagt die Wege, auf denen er zu einem vorher gesteckten Ziel gelangt. WIE vermittelst Du, was Du weißt? Auf welche Weise bringst Du deinen Spielern deine Spielidee nahe? Gibst Du ihnen überhaupt die Chance, deine Gedanken nachzuvollziehen oder schüttest Du sie bloß mit Infos zu und wunderst Dich am Spieltag darüber, dass sie deine Vorstellungen nicht auf den (Kunst-)Rasen bringen?

Es ist enorm wichtig, große taktische Themenblöcke von kleinen Formen ausgehend ins Große zu übertragen, die Spieler vom Bekannten gezielt zum Unbekannten zu führen; vom Leichten zum Schweren, vom Einfachen zum Komplexen. Nur so erlaubst Du den Spielern, die nötige Transferleistung zu schaffen!

Möglichst viele Übungen in Wettkampfformen zu verpacken hat sich bewährt, da auch der Spieltag - für den nun mal trainiert wird - als Wettkampf stattfindet. Auf diese Weise können viele Erfolgserlebnisse geschaffen werden. Man kann das Gewinnen trainieren! Der Ball sollte nahezu immer im Spiel sein. Viele Kontakte für jeden Spieler. Wenige Organisationsformen pro Einheit bewirken wenig Umbau-Zeit und somit wenige Pausen. Zusatzaufgaben und Anschlussaktionen fördern die Umschaltfähigkeit. Variationen bei Spielerzahlen-Verhältnissen, der Zeit und dem Raum setzen neue Reize und fordern den Geist!

Welche Methoden nutzt Du zur Vermittlung deines Wissens?

Neben dem Sachverstand, den sozialen Fähigkeiten und der Methodik gibt es noch eine weitere wichtige und weitgreifende Kompetenz: die persönlichen Charaktereigenschaften des Trainers.

Was ist er überhaupt für eine Art Mensch?

persönliche (Charakter-)Eigenschaften

Es gibt diverse persönliche (Charakter-)Eigenschaften, die ein guter Trainer mitbringen muss. Zwar ist der Charakter jedes Menschen - und somit auch jedes Trainers - unterschiedlich, doch trotzdem gibt es Eigenschaften, die vorausgesetzt werden müssen, damit ein Trainer den vielschichtigen Anforderungen entsprechen kann. Dazu zählen unter anderem verschiedene Ausprägungen der folgenden Attribute:

- Neugierde
- Zuverlässigkeit
- Begeisterungsfähigkeit
- Selbstvertrauen
- Empathie
- Beobachtungsgabe
- Siegeswille
- Urteilsvermögen
- Hohe intrinsische Motivation

Natürlich ist diese Liste beliebig erweiterbar. Die meisten dieser Eigenschaften tragen Menschen bereits in sich. Es ist kaum möglich, Empathie oder Begeisterungsfähigkeit zu erlernen.

Ein guter Trainer bringt die vier Kernkompetenzen auf seine eigene passende und deshalb überzeugende Art zusammen. Hinter jeder Entscheidung, jedem Gespräch und jedem Training verbirgt sich eine Kombination aus allen Kompetenzen. Da es (glücklicherweise) unterschiedliche Trainertypen gibt, legen diese allein schon durch ihre Persönlichkeit andere Kompetenz-Schwerpunkte: Diego Simeone ist ein Motivator und besonders für seine sozialen Fähigkeiten angesehen. Jedoch wäre es natürlich völlig fatal, ihm den Sachverstand abzusprechen. Bei Thomas Tuchel ist es wohl eher genau andersherum.

In welchen Kompetenz-Bereichen liegen <u>deine</u> Stärken und wo hast Du ehrlicherweise noch Luft nach oben?

Im folgenden (Haupt-)Teil dieses Buches habe ich Dir eine Auswahl an Tipps zusammengestellt, von deren Wichtigkeit ich überzeugt bin. Sie lassen sich nicht jeweils einer Kernkompetenz zuordnen, sondern bilden immer Kombinationen aus verschiedenen Bereichen.

Deine Gedanken bis hierhin und deine Erwartungen an den Rest des Buchs:

10 TIPPS, MIT DENEN DU DER BESTE TRAINER WIRST, DER DU SEIN KANNST

#1
Vorbereitung ist alles!

"Bevor ihr den Menschen predigt, wie sie sein sollen, zeigt es ihnen an euch selbst."

Fjodor Dostojewski (russischer Schriftsteller)

Als Trainer bist Du das Vorbild für deine Spieler. Lebe ihnen vor, was Du von ihnen verlangst. Damit Dir das gelingt, solltest Du stets gut vorbereitet und auf alle Eventualitäten gefasst sein. Nimm Dir die nötige Zeit, um die Vorbereitung auf die neue Saison, die anstehende Trainingswoche und jede einzelne Einheit vernünftig zu planen. Sei pünktlich und zuverlässig! Selbstverständlich gibt es (gerade in unteren Spielklassen) zeitliche Einschränkungen und gelegentliche Ausnahmen: Du musst hin und wieder länger arbeiten oder deine Tochter vom Kindergarten abholen. Kein Problem. Wird die Ausnahme jedoch zur Regel, kannst Du weder deinen Jungs noch deinen (hoffentlich hohen) Ansprüchen an Dich selbst gerecht werden.

Frage Dich vorab, ob Du den erforderlichen Zeitaufwand leisten kannst und (auch zukünftig noch) willst. Bietet dein - eventuell zeitlich bedingt - geringerer Aufwand noch immer einen Mehrwert für die Jungs? Gibt es Alternativen? Wie sähen diese aus? Niemand zwingt Dich dazu, Trainer zu sein. Grundsätzlich ist zwar jeder Amateurverein froh um helfende Hände, aber hier geht es um Dich als bester Trainer, der Du sein kannst - und nicht um Mindestanforderungen oder Notlösungen!

Wenn Du Dich also dazu entschließt, Trainer zu werden (oder zu bleiben), sollte dein Bestreben sein, einen möglichst guten Job zu machen. Deshalb gehe ich davon aus, dass Du Dir die Mühe machst, Dich vernünftig vorzubereiten.

Availability is your best ability

So lautet ein berühmtes englisches Sprichwort. Verfügbarkeit ist deine beste (oder treffender: wichtigste) Fähigkeit. Als Trainer musst Du für deine Jungs jederzeit verfügbar und immer ansprechbar sein. Du solltest sowohl für den Ersten, der vor dem Training am Platz aufschlägt, als auch für den Letzten, der sich nach der Dusche auf den Heimweg macht, Anlaufstelle Nummer 1 sein. Gib deinen Jungs die Möglichkeit, Dich allein abzupassen.

Auf diese Weise spürt jeder Spieler, dass Du der Kopf der Mannschaft bist. Ein Körper kann ohne Kopf nicht überleben. Sei gleichzeitig Vertrauensperson und Mutmacher für all deine Spieler. Das geht nur durch körperliche und mentale Präsenz!

Jede Trainingsminute zählt

Gewährleiste für sämtliche Trainingseinheiten, dass Übergänge zwischen einzelnen Übungsformen reibungslos und schnellstmöglich ablaufen. Je nach Platzbelegung sollte deine Einheit zu Trainingsbeginn aufgebaut sein. Wenn der Platz vorher durch andere Mannschaften beansprucht wird, baue die Übungen auf, während sich die Jungs warmmachen. Du hast im Normalfall nur zwei oder drei Einheiten die Woche, da gilt es, keine Zeit zu verschenken. Auch nicht für Mannschaftsbesprechungen oder Elterngespräche – jedenfalls nicht während der Trainingszeit. Die ist ausschließlich zum Trainieren da! Diese Forderung scheint auf den ersten Blick ein wenig übertrieben. Doch eine einfache Überlegung bringt ihre enorme Wichtigkeit zum Ausdruck:

Stelle Dir vor, eine Amateurmannschaft trainiert zwei Mal die Woche - sagen wir für 90 Minuten je Einheit. Auf eine ganze Saison gerechnet kommt man bei etwa 40 Trainingswochen (kürzt man Ferien und Feiertage raus) auf 80 Trainingseinheiten.

80 x 90 Minuten = 7200 Minuten = 120 Stunden

Wenn Du dementsprechend in jedem Training „nur" 15 Minuten für den Auf- und Abbau einzelner Übungsformen ver(sch)wendest, verlieren deine Spieler ein Sechstel der gesamten zur Verfügung stehenden Trainingszeit. Sie verschenken folglich 20 Stunden im Jahr, in denen sie am Ball sein sollten!

Das hört sich nicht nach sonderlich viel an? 20 Stunden entsprechen etwas mehr als 13 ganzen Spielen! Du verlangst jeden Sonntag 100% von deinen Jungs, gibst ihnen selbst aber nur knappe 84% zurück?

Die richtige Ansprache

Auch auf deine Ansprachen vor der Mannschaft solltest Du Dich bestmöglich vorbereiten:

Es muss nicht immer eine ausgeklügelte und wohlstrukturierte Rede sein - vieles ergibt sich erst spontan oder aus einer Frage heraus -, aber überlege Dir dennoch in groben Zügen vorher, was Du zur Sprache bringen möchtest. Oftmals machen Trainer vor Spielen den Fehler, den Matchplan einfach bloß herunterzubeten. Sie achten nicht darauf, dass sie viel zu lang und monoton sprechen. Passen die Spieler überhaupt noch auf oder werfen sie sich schon Blicke zu?

Deine Ansprache mit Leben und Abwechslung zu füllen, ist von immenser Bedeutung. Sprich deine Jungs ganz direkt an. Stelle Fragen! Nutze anschauliche Hilfsmittel. Sorge dafür, dass deine Spieler aufpassen wollen.

Du wirst schnell den Eindruck bekommen, dass sie die taktischen Vorgaben plötzlich verstehen. Dabei haben sie bloß begonnen, Dir richtig zuzuhören.

#2
Das Rosinen-Picken

"Der Kluge lernt aus allem und von jedem, der Normale aus seinen Erfahrungen und der Dumme weiß alles besser." -

Sokrates
(griechischer Philosoph)

Pick Dir die Rosinen heraus! Damit sind nicht die besten Spieler gemeint, was verständlicherweise dein erster Gedanke gewesen sein könnte, sondern die besten Eigenschaften und Methoden anderer Trainer!

Viele Trainerkollegen sind sehr egozentrisch veranlagt und in erster Linie mit sich selbst beschäftigt. Sie haben die Weisheit seit jeher mit Löffeln gefressen und erscheinen völlig unbelehrbar, da sie alles (zu) wissen (glauben). Diese Art Trainer schaut ausschließlich auf sich selbst und lässt alle anderen Perspektiven außer Acht. Vielleicht beziehen sie sich auf die Referenz von 30 Jahren Erfahrung im Trainergeschäft. Man kann jedoch für noch so lange Zeit aus derselben, unveränderten Perspektive auf etwas blicken und dennoch niemals einen anderen Winkel sehen.

Wenn Du die Augen und Ohren stets offenhältst, wenn Du akzeptierst, dass niemand jemals alles wissen kann, was es zu einem Thema zu wissen gibt, und wenn Du deshalb dauernd dazulernen möchtest, dann bist Du bereits auf dem richtigen Weg und sehr vielen Trainern (und Menschen!) einen großen Schritt voraus.

Warum hospitieren bereits erfahrene Trainer?

Ganz einfach: Sie wollen in allen Bereichen ihres Jobs besser werden und haben erkannt, dass mehr Menschen immer mehr wissen als ein Mensch alleine. Jeder Coach unterscheidet sich hinsichtlich seiner Spielphilosophie, dem Umgang mit Spielern, den Trainingsübungen, der Ansprache vor der Mannschaft, der Vorbereitung und vielem mehr. Man kann überall etwas mitnehmen.

Pep Guardiola ist einer der besten Trainer der Welt. Für viele sogar der Beste. Aber ist er eines Tages aufgewacht und zu dem geworden, was er heute ist? Wohl kaum. Er selbst sagt, er habe alles, was er weiß, von Johann Cruyff gelernt. Er sieht sich als sein Schüler. Cruyff habe ihm die Augen für den Fußball geöffnet. Er habe ihm das berühmte *Positionsspiel* erklärt. Guardiola traf Marcelo Bielsa (mittlerweile Trainer bei Leeds United), den er für einen der besten Trainer der Welt hält, in Mexiko und unterhielt sich stundenlang mit ihm über Fußball. Er hat das Wissen von unzähligen Trainern gebündelt, um sich seine eigene Spielidee zu kreieren.

Du magst sagen, Du verfügst nicht über die nötigen Mittel und Kontakte, um einem Carlo Ancelotti über die Schulter zu schauen. Du hast schon gar keine Zeit dazu, monatelang anderen Coaches und ihren Teams beim Training beizuwohnen. Zum Glück ist das gar nicht notwendig! Es reicht völlig aus, wenn Du am Wochenende auf dem Platz oder vor dem Fernseher aufmerksam andere Trainer beobachtest:

Wie ist ihre Art zu coachen? Was machen diese Menschen gut? Was machen sie vielleicht besser als Du? Was machen sie interessanterweise ganz anders? Wie reagieren ihre Spieler auf sie? Du hast die freie Auswahl am Buffet-Tisch, also suche Dir die Leckereien aus, die Dir gefallen! Von (fast) jedem Einzelnen kannst Du etwas Positives herausziehen, wenn Du nur bereit bist, deinen Horizont zu erweitern und Dich selbst zu hinterfragen. Selbst jene Trainer, von denen Du Dir nichts Positives abschauen kannst, lehren Dich eine Menge: nämlich, was Du fortan lieber vermeidest.

Kennst Du das Sprichwort, das besagt, man selbst bilde den Durchschnitt der fünf Menschen, mit denen man die meiste Zeit verbringt? Also mit Blick auf den Fußball: Mit welchen Trainern befasst Du Dich? Bist Du ein einsamer Wolf, der nur in seinem eigenen Wald auf Beutezug geht? Begib Dich in andere Jagdgebiete und profitiere von den Welten, die Du dort findest!

#3
Andere Generation, andere (An-)Forderung!

"Kein Mensch will etwas werden, ein jeder will schon etwas sein." - Goethe

---

Es ist eine Weile her, dass Johann Wolfgang von Goethe dies bemerkt hat. Würde er heutzutage leben, er würde diese Aussage als noch viel treffender empfinden.

> Denk mal drüber nach:
> Kein einziger Jugendspieler wurde im letzten Jahrtausend geboren. Der 2000er Jahrgang rückt im Sommer 2019 in die Senioren auf. Die Jungs kennen Oliver Kahn und Michael Ballack nur als TV-Experten.
> Sind Dir die sozialen Auswirkungen bewusst?

Kaum ein aktiver Spieler ist ohne Handy aufgewachsen, kaum jemand ohne die tägliche Beeinflussung der sozialen Medien. Als Trainer solltest Du Dich, den Umgang mit deinen Jungs und deine Trainingsmethoden ein Stück weit an die veränderten Umstände anpassen (oder Dir zumindest über die Konsequenzen bewusst sein!). Was bedeutet das?

Reifen durch Sandkästen zu schleppen oder Purzelbäume auf Asche einzufordern, mag für den Fußballromantiker (auch mich) eine schöne Vorstellung sein. Sie ist aber überhaupt nicht mehr zeitgemäß. Natürlich darf und soll es weiterhin anstrengende Einheiten geben, aber Kondition kann man auch sehr gut mit dem Ball trainieren.

Diktatur ist out, Erklärungen sind in!

„Millenials" gelten als sehr anspruchsvoll und teilweise sogar respektlos gegenüber Hierarchien und Autoritäten. Als Fußballverein konkurriert man heutzutage mit einer Menge anderer Freizeitangebote. Stellte noch vor 20 Jahren der Nachbarverein die größte Abwerbe-Gefahr dar, konkurriert man heute allen voran mit dem Internet - und dessen weitreichenden Möglichkeiten - um die Zeit der Spieler.

Junge Menschen sind es gewohnt, visuell oder berührend (per Touchscreen) zu lernen. Sie brauchen Abwechslung und verschiedene Reize. Für das Spiel am Wochenende ist eine Aufwärmroutine sehr empfehlenswert, aber beim Training unter der Woche kommt schnell Langeweile auf, wenn jeder weiß, was auf ihn zukommt. Also beschränke Dich nicht ausschließlich auf alte, bereits bewährte Methoden, sondern probiere neue Dinge aus: Zeige deinen Spielern ruhig mal eine Übungsform auf YouTube oder nimm ein Spiel mit der Kamera auf, um ihnen ihre Fehler vor Augen zu führen. Lasse deine Spieler ihre Stärken und Schwächen ansehen, fühlen und somit leichter begreifen. Du wirst merken, dass selbst die uneinsichtigen Kandidaten erkennen werden, was sie falsch machen, sobald sie es vor sich sehen. Verschiebe Magnete auf der Taktiktafel. Baue deine Jungs mit ein. Stelle deine Truppe auf dem großen Platz so auf, dass Du ihr genau vorführen kannst, was Du von ihr verlangst.

Fußball bleibt Fußball und selbstverständlich ändert auch eine anspruchsvollere Generation, die Entscheidungen erklärt und nicht bloß vorgestellt bekommen möchte, nichts an der Tatsache, dass der Trainer letztlich darüber entscheidet, wer spielt und wie gespielt wird!

Aber deine Spieler hinterfragen viel mehr als "früher". Sie wollen einbezogen werden, wollen wissen, warum sie laufen. Sie werden Ideen, für deren Erarbeitung sie mitverantwortlich sind, und Ideen, die sie vielleicht sogar selbst entwickeln, viel energischer umsetzen und durchziehen als von außen aufgesetzte und festgeschriebene Muster. Natürlich kannst Du als Trainer sagen, dass alles gemacht wird, wie Du es wünschst, weil das „eben so ist“. Doch auf diese Weise wirst Du bei der Mehrzahl deiner Spieler auf taube Ohren stoßen. Du erreichst deutlich mehr, wenn Du eindeutig aufzeigst, wofür sie sich anstrengen sollen.

#4
Vollständige Ergebnisorientierung

"Wenn die Taktiker unter den Trainern jemals Perfektion erreichen, dann werden alle Spiele 0:0 ausgehen, und niemand wird mehr da sein, um zuzuschauen." - Pat Crerand (ehemaliger Trainer von Manchester United)

Fußball ist reiner Ergebnissport. Unterm Strich ist das Fakt. Verliert deine Mannschaft 0:1, interessiert niemanden, dass sie das beste Spiel der Saison abgeliefert hat. Gewinnt sie 2:0, hinterfragt keiner, dass der Gegner drei Mal den Pfosten getroffen und das Spiel komplett dominiert hat, während die Treffer deiner Mannschaft aus Ecken resultierten, wovon eine gar nicht berechtigt gewesen ist.

Im Fußball ist die Wertigkeit eines erzielten Tores aufgrund seiner (verhältnismäßigen) Seltenheit deutlich höher einzuschätzen als ein einzelnes Erfolgserlebnis im Handball oder ein Korb im Basketball. Deshalb kommt es im Fußball deutlich häufiger vor, dass die „schwächere" Mannschaft gewinnt.

Hältst du das Endergebnis für ausschlaggebend bei der Spielbewertung? Warum ja, warum nein?

Resultat-Denken beherrscht den Fußball

Diese Tor-Seltenheit führt zu der vollständigen Ergebnisorientierung, die den Fußball vor dem Hintergrund des allgegenwärtigen Erfolgsdrucks prägt. Es zählen nun mal ausschließlich Tore für das Endergebnis - und nichts anderes. Daraus ergeben sich erhebliche Denkfehler in der Bewertung des Spiels:

Nehmen wir an, eine Mannschaft lässt sechs gute Torchancen zu, der Gegner erzielt aber bloß einen Treffer. Für gewöhnlich wird der Trainer im Anschluss an das Spiel in aller Ausführlichkeit über das Zustandekommen des Gegentores philosophieren. Er wird die Fehler herausstellen, die vorher begangen wurden. Im nächsten Spiel kassiert seine Mannschaft zwei Gegentore. Es folgt das gleiche Prozedere. Fast immer werden ausschließlich erfolgreiche Abschlüsse des Gegners beurteilt. Alles andere wird verdrängt oder ignoriert. Reporter kritisieren nur Fehler, die zu Toren führen. Geht der Ball an den Pfosten, ist es „ja nochmal gut gegangen“ und kann vergessen werden. Als Trainer solltest Du jede Torchance des Gegners vom Wert her gleichstellen: Ob der Ball im Tor oder am Pfosten landet, ist ein Unterschied von zwei Zentimetern. Ob der gegnerische Stürmer den Ball am Torwart vorbeispielt oder dieser den Schuss pariert, hängt von wenigen Zehntelsekunden ab. Der Ausgang kann beim nächsten Mal ein anderer sein und Du musst einen Weg finden, so viele Szenen wie möglich zu verhindern!

„Fußball ist wie alle große Kunst einfach. Jeder Zuschauer ist nach spätestens drei Spielen Kenner. Das Publikum ist also ausschließlich aus Kennern zusammengesetzt." -

Bertolt Brecht

Kurzer Exkurs zum Pokern

Pokerprofis machen langfristig Gewinn, indem sie die Wahrscheinlichkeiten auf ihrer Seite haben. Was bedeutet das?

Mit zwei Assen auf der Hand gewinnt man in knapp 90% der Fälle gegen eine 10 und eine 9. Bei einem von zehn Versuchen gewinnt aber die deutlich schwächere Hand. Tritt der Fall ein, beglückwünscht sich der schwache Spieler für seine Entscheidung. Er sieht nur das Resultat und folgert, er hätte die richtige Entscheidung getroffen, denn er hat ja gewonnen. Auf diese Weise wird er sein Geld sehr schnell verlieren. Der gute Spieler kann über die verlorene Hand lachen, da er weiß, dass er in 9 von 10 Fällen (also langfristig) sehr viel Geld gewinnen wird.

Du verstehst den Zusammenhang: Resultate können täuschen!

„In der Leichtathletik kann man Ergebnisse greifen. Da gibt es Messungen und Rekorde. Im Fußball reduziert sich dagegen alles auf Sieg, Niederlage und Unentschieden." -

Hans-Peter Briegel

#5

~~Leere Floskeln und Kritik~~

Lob und Konstruktive Anweisungen

„Lob ist wie eine Feder. Von Zeit zu Zeit ein Lob und Menschen bekommen Flügel." -

Phil Bosmans (belgischer Seelsorger)

Beobachtet man einige Trainer bei der Arbeit, fragt man sich manchmal, ob sie für oder gegen ihre Mannschaft sind. Sie schreien laut auf ihre Jungs ein, kritisieren alles und jeden und scheinen der stärkste Gegenspieler des Tages zu sein. Überlege einmal, wie es bei Dir selbst ist: Wirst Du gerne bloßgestellt? Wann hat Dich zuletzt jemand gelobt? Hat sich das nicht sehr gut angefühlt? Ein gut platziertes Lob kann Berge versetzen!

„Den musst Du doch machen!"

Auf den Fußballplätzen dieser Welt fallen derartige Sätze im Minutentakt. Fast schon egal, ob man sich im Profi- oder Amateurbereich bewegt. Was also soll schlecht daran sein?

Emotionalität ist enorm wichtig. Sie kann und darf nicht abgestellt werden. Von ihr lebt der Fußball. Deine Aufgabe als Trainer ist es jedoch nicht, Spieler mit leeren Ausrufen zu bewerfen, die keinerlei Lerneffekt nach sich ziehen. Darum können sich die Zuschauer kümmern. Führe deine Jungs. Motiviere sie! So erreichst Du mit Hilfe jedes einzelnen Spielers das Beste für deine Mannschaft. Sage deinen Spielern nicht, dass sie etwas falsch machen, sondern was sie falsch machen und - noch wichtiger - wie sie es besser machen könnten.

Ein Beispiel gefällig?

Du regst Dich an der Seitenlinie auf, weil dein Stürmer den Konter zum möglicherweise spielentscheidenden 2:0 nicht erfolgreich abschließt. Das ist eine vollkommen natürliche Reaktion. Du willst gewinnen und ärgerst Dich über die vergebene Chance, denn sie gefährdet den Sieg. Belässt Du es aber dabei - oder fügst gar noch etwas aus der Güteklasse: „Wenn Du beim nächsten Mal nicht triffst, nehme ich Dich runter!“, hinzu -, glänzt Du nicht durch gutes Coaching. Ganz im Gegenteil: Dein Stürmer weiß selbst am besten, was die Stunde geschlagen hat. Du schwächst sein Selbstvertrauen noch weiter und lässt ihn bei der nächsten Gelegenheit unsicher und nachdenklich aufs gegnerische Tor zulaufen.

Probiere folgendes:

Äußere Kritik nicht zu früh, denn aus Dir sprechen negative Emotionen. Atme durch und überlege, welche Hilfestellung Du unmittelbar geben kannst. Wenn dein Stürmer beispielsweise den Pfosten trifft oder der gegnerische Torwart den Manuel Neuer in sich entdeckt, gibt es vermutlich nicht viel, was verbessert werden muss. Sprich deinem Stürmer Mut zu und gib ihm Vertrauen in seine eigene Stärke. Der nächste Schuss sitzt. Wenn Dir etwas Verbesserungswürdiges auffällt, hole Dir den betreffenden Spieler nach Möglichkeit gleich ran. Erkläre ihm zum

Beispiel, dass er den Ball mit dem ersten Kontakt nach innen mitnehmen muss, um einen besseren Winkel zum Tor zu haben.

Reden allein reicht nicht aus. Merke Dir die Situation (im Kopf oder schriftlich – jeder wie er es am liebsten hat) und gehe sie in der Aufarbeitung des Spiels mit deinem Stürmer durch. Versuche im Training Situationen hervorzurufen, die die Szene (wenigstens in Ansätzen) simuliert und arbeite gemeinsam mit dem Spieler und der Mannschaft Lösungsmöglichkeiten heraus.

Erkennst Du Dich teilweise wieder? Was kannst Du ändern?

____

____

____

____

____

____

____

____

„Konzentriert euch endlich!“;
„Reißt euch den Arsch auf!“

Sprüche, die zahllose Trainer (gerne mal nach einem Angriff des Gegners) übers Spielfeld brüllen. Doch welchen Mehrwert haben solche Ansagen für den oder die Spieler? Gehen wir davon aus, dass deine Jungs nicht bewusst gegen ihren eigenen Trainer spielen, gibt es keinerlei Grund zu der Annahme, sie würden nicht versuchen, sich zu konzentrieren. Sie werden selbstverständlich alles geben, um zu gewinnen, denn dafür spielen sie Fußball! Sie brauchen klare Hilfestellungen und keine leeren Worthülsen oder Anschuldigungen!

Wenn der Gegner zum dritten Mal innerhalb weniger Minuten über rechts zur Flanke kommt, musst Du Dich als Trainer fragen, was verändert werden kann. Es bringt überhaupt nichts, diese Tatsache einfach über das Feld zu posaunen.

Mögliche Lösungsansätze für diesen Fall: Haben wir ein individual-taktisches Problem? Ist mein Linksverteidiger langsamer als der rechte offensive Mittelfeldspieler des

Gegners? Wie können wir diese Schwachstelle umgehen? Oder verteidigen wir schlecht im Mannschaftsverbund? Liegt der Fehler schon viel weiter vorne im Anlaufverhalten meines Mittelfelds oder Angriffs? Überlege Dir, wie Du die offensichtliche Schwäche (kurzfristig) durch gezielte Trainingsformen und anschauliche Erklärungen abstellen und (langfristig) sogar in eine Stärke wandeln kannst!

„Fußball ist ein Spiel der Freiheit, der Visionen und Gefühle. Fußball macht mich glücklich. Wenn ich auf ein Fußballfeld komme und dort liegt ein Ball, dann will ich mit ihm spielen. Das Stadion ist ein Ort der Kreativität." -

César Luis Menotti

„Der 9er steht frei!"

Eine sehr beliebte Feststellung am Spielfeldrand. Leider fühlt sich niemand angesprochen, denn Fußballer brauchen klare Anweisungen und Aufgabenverteilungen!

Wenn ich möchte, dass die Nummer 9 des Gegners bei Standardsituationen eng gedeckt wird, muss ich meinen zuständigen Verteidiger klar zuteilen:

„Mats, bei der nächsten Ecke spielst Du gegen die Nummer 9". Übertrage die Verantwortung in solchen Fällen auf einen Spieler, ansonsten verlässt sich jeder auf jeden und niemand wird aktiv.

Es gibt viele Beispiele dieser Art. Ein Ausruf wie „Männer, wir schalten nicht schnell genug um!" wird absolut nichts an der Tatsache ändern, dass deine Mannschaft nicht schnell genug umschaltet. Vermutlich werden deine Spieler Dir sogar zustimmen, nur bewirkt der Umstand noch lange keine Änderung. Wie kannst Du also dafür sorgen, dass schneller umgeschaltet wird?

„Fußball ist ein Ballspiel. Das vergessen viele Trainer. Fußball ist weder Zehnkampf noch Gewichtheben. Fußball ist ein Spiel, das von den Ballkünstlern lebt, den Vorbildern." -

Ernst Happel

„Wenn-Dann"-Muster

Sogenannte „Wenn-Dann"-Muster im Training einzustudieren ist sehr hilfreich und effektiv. Du gehst mit deiner Mannschaft Spielsituationen durch und ihr legt zusammen fest, wie ihr reagieren wollt, wenn gewisse Situationen eintreten. Legt Auslöser und Kommandos fest! So weiß jeder einzelne Spieler, was von ihm erwartet wird.

Beispiel:

Eine Gegenpressing-Aktion ist aussichtslos. Dies ist der Auslöser für das Kommando „Ordnung". Jeder Spieler begibt sich auf seine (vorher festgelegte) Position.

Oder:

Nach einer erfolgreich verteidigten Ecke spielt dein Torwart einen langen Ball. Wenn Du das Kommando „Schritte" gibst, rückt die Abwehrkette umgehend zwanzig Meter nach vorne.

So schafft ihr eine eigene Sprache innerhalb des Teams, die jeder sofort versteht. Es macht „klick" und alle Spieler erkennen, was zu tun ist.

Selbstverständlich müssen solche Automatismen immer wieder eingeübt werden, damit sie am Spieltag reibungslos funktionieren. Du wirst sehr schnell merken, wie effektiv einfache Kommandos sind!

„Bei einem Fußballspiel verkompliziert sich alles durch die Anwesenheit der gegnerischen Mannschaft" –

Jean-Paul Sartre

Wann Kritik sinnvoll ist

Um nicht den Eindruck zu erwecken, ein Trainer dürfe seinen Spielern nie die Leviten lesen oder Kritik führe zu nichts, sei folgendes angefügt:

Natürlich gibt es angebrachte Kritik. Manchmal ist es durchaus sinnvoll, laut zu werden. Das übergeordnete Ziel sollte dabei aber stets das Wohl der Mannschaft sein! Nutzt Du eine aufrüttelnde Ansprache, um Deine Spieler aufzuwecken und sie auf Touren zu bringen, um schlussendlich das Spiel zu gewinnen oder willst Du einfach bloß Frust abbauen? Manchmal zeigt ein bewusstes „aus der Haut fahren" deutlich mehr Wirkung als jede taktische Umstellung. Außerdem ist jeder Spieler anders. Ruft Kritik bei manchen deiner Jungs vielleicht sogar eine Leistungsexplosion hervor?

Hier gilt es, ein gutes Gespür für den Charakter jedes einzelnen Spielers zu entwickeln.

„Ich weiß manchmal nicht, ob jeder Trainer die Ausbildung der Leidenschaft zum Trainerjob wegen macht oder weil er relativ schnell nach oben kommen will."

Peter Hyballa

#6
Spielerperspektive ≠ Trainerperspektive

"Alles, was wir hören, ist eine Meinung, keine Tatsache. Alles, was wir sehen, ist eine Perspektive, nicht die Wahrheit." -

Marc Aurel
(römischer Kaiser)

Das ist ein sehr wichtiger und häufig komplett unterschätzter Punkt. Du darfst in deinem Eifer nämlich nicht vergessen, dass deine Spieler in der Regel (noch) nicht die gleiche Sicht aufs Spielgeschehen haben wie Du.

Ein Trainer schaut möglichst global auf das Verhalten der gesamten Mannschaft. Er beobachtet von außen. Ein Spieler – erinnere Dich an die Zeit zurück! – lebt in einzelnen Spielsequenzen. Er beobachtet von innen. Er reagiert auf das, was unmittelbar um ihn herum geschieht. Er sucht nach Lösungen in der Nähe des Balls und agiert eher für sich (wenn auch letztlich für den Erfolg der Mannschaft).

> Versetze Dich in die Lage des Spielers, wenn Du ihn verstehen möchtest. Versetze den Spieler, der Dich verstehen soll, in Deine Lage.

In der Vorbereitung kann es beispielsweise eine Option sein, Dich mit deinem Kapitän zusammen an den Spielfeldrand (oder auf die Tribüne) zu stellen (oder zu setzen), um ihm deine Erwartungen mit Blick aufs große Ganze zu schildern. Während der Saison kannst Du Spieler aus Übungsformen herausnehmen und zuschauen lassen. Ihr könnt Euch über Schwerpunkte und Ideen anhand des Beobachteten austauschen. Erkläre ihnen mit Hilfe von Beispielen ganz genau, was sie in welcher Situation anders machen könnten.

Analog dazu kannst Du nicht davon ausgehen, dass Zuschauer, Betreuer, Eltern, Fans oder Vereinsverantwortliche jede deiner Entscheidungen nachvollziehen können. Sie haben ganz einfach eine andere Perspektive auf das Spielgeschehen und die Umstände. Es ist nicht möglich, ihnen deine Sicht der Dinge zu erklären, ohne dich in ihre Lage zu versetzen.

Mache dir jederzeit bewusst, wer dein Gesprächspartner ist und versuche, seine Perspektive einzunehmen. Am Ende des Tages wirst auch Du besser verstanden werden.

„Erfolg ist mehr das Ergebnis von Zweifeln als das Ergebnis von Gewissheiten.“ -

Pep Guardiola

Versetze Dich in die Rolle des Spielers:
Was hat Dir beim Training nicht gefallen? Was hättest Du Dir von deinem Trainer gewünscht?

#7
Aus Negativ mach Positiv!

"Nicht die Dinge sind positive oder negativ, sondern unsere Einstellung macht sie so." –

Epiktet (antiker Philosoph)

Du hast einen überragenden "10er" in deiner Mannschaft. Rechts wie links stark. Klasse Technik und gute Übersicht. Tempodribbling, 1 gegen 1, Torabschluss. Alles außergewöhnlich stark. Aber leider arbeitet er im Defensiv-Verhalten nicht so für die Mannschaft, wie Du es gerne hättest. Was kannst Du tun? Dein Bestreben muss lauten, dem Spieler das (für ihn) Negative als etwas (für ihn) Positives darzustellen! So setzt er deine Vorgaben nicht nur um, sondern tut dies aus eigenem Antrieb.

Beispiel aus der Praxis (1)

Dein bereits erwähnter Spielmacher ist extrem lauffaul. Im Verhalten gegen den Ball schwächt er auf diese Weise die gesamte Mannschaft. Zeige ihm klar auf, dass er - was sportwissenschaftlich nachgewiesen ist - im lockeren Lauf schneller regeneriert als es im Stand der Fall wäre. Mache ihm bewusst, dass er im Falle eines Ballgewinns mehr Raum zum „Aufdrehen“ hat, als wenn er vorne stehen bleibt und nur mit dem Gegenspieler im Rücken angespielt werden kann. Arbeitet er aber mit nach hinten, kann er bei Ballgewinn mit Tempo offen auf die gegnerische Abwehrkette zulaufen. Kehre das Negative in etwas, für das er zu Laufen bereit ist!

Beispiel aus der Praxis (2)

Deine Mannschaft ist anfällig bei gegnerischen Standards. Du hast das Gefühl, einige deiner Jungs rechnen beinahe mit einem Gegentor. Dieses ängstliche Denken bestimmt ihre Art (nicht) zum Ball zu gehen und wird zwangsläufig zu Gegentoren führen. Wie bekommst Du die Angst aus den Köpfen deiner Spieler?
Die Antwort lautet: Gegenangriff.

Trainiere nicht stumpf, eine gegnerische Ecke nach der anderen zu verteidigen, sondern baue die Übungsform so auf, dass die Ecke als Start für einen Konter dient. Das Minimalziel lautet, ein Gegentor zu verhindern. Das vordergründige Ziel jedoch ist der Ballgewinn, mit dem ein gefährlicher Konter eingeleitet wird. Fast immer rücken die gegnerischen Innenverteidiger bei Standards nach vorne. Also bietet sich viel Raum, den deine Mannschaft ausnutzen kann, um selbst ein Tor zu schießen. Entwickle die scheinbare Schwäche zu einer echten Stärke!

Viele weitere Beispiele liegen auf der Hand, aber Du verstehst das Prinzip bereits. Also ran an die Arbeit. Mach was (Positives) draus!

Das größte Problem beim Fußball sind die Spieler. Wenn wir die abschaffen könnten, wäre alles gut. –

Helmut Schulte

#8
Die (unterschätzte) Rolle der Ergänzungsspieler

„Eine Kette ist nur so stark wie ihr schwächstes Glied." -

Lebensweisheit

Nirgendwo trifft dieser Spruch besser zu als innerhalb einer Fußballmannschaft. Dennoch beschäftigen sich Trainer in erster Linie mit ihren wichtigsten Spielern. Warum ist das so? Ganz klar: Weil sie sich von ihnen den größten Beitrag zum Erfolg der Mannschaft erhoffen. Das mag auch richtig sein, nur sind die wichtigsten Spieler zumeist ohnehin schon sehr gut und selbstbewusst. Sie wissen, was sie können.

Das Wort „Ergänzungs"-Spielers ist relativ modern und wurde eingeführt, um die negativ behafteten Begriffe „Ersatz- oder Auswechselspieler" abzulösen. Viele Trainer vergessen dabei, dass die Jungs, die nicht sonderlich viel spielen, sich trotzdem eher als Ersatzspieler (denn als Ergänzungsspieler) sehen. Ohne viel Einsatzzeit fehlt oftmals eine gewisse Bindung zu den Stammspielern. Man fühlt sich einfach nicht wichtig, wenn man nicht spielt. Punkt.

Umso bedeutender ist dementsprechend die Kommunikation mit jenen Spielern, die am Wochenende überwiegend auf der Bank Platz nehmen müssen. Schlechte Stimmung verbreitet sich schnell und wie ein Virus in der gesamten Mannschaft. Deshalb muss man die Symptome bekämpfen, bevor sie auftreten. Denn ist das Kind erstmal in den Brunnen gefallen, ...

Sprich mit den Spielern, die „hinten dran" sind. Erkläre ihnen, woran sie arbeiten können oder müssen. Zeige ihnen, dass Du auf sie setzt und dass auch sie enormen Wert für das Team haben. Beschäftige Dich damit, wie Du diese Jungs besonders fördern kannst. Was fehlt ihnen, um ihr Niveau anzuheben? Wie kannst Du das Training darauf abstimmen? Im Laufe einer langen Saison werden Ergänzungsspieler immer wichtiger. Stelle deshalb sicher, dass auch sie selbstbewusst und topfit sind. Achte besonders darauf, ihnen so viel Spielzeit wie möglich zu geben, denn Erfahrungen im Training können niemals Erfahrungen im Spiel ersetzen.

Deine Jungs werden es Dir danken!

„Gute Spieler wollen niemals auf der Ersatzbank sitzen." –

Marc Overmars

Welche bisher gelesenen Gedanken möchtest Du in die Tat umsetzen?

#9
Das Verhalten gegenüber dem Schiedsrichter

"Wir haben nicht das Recht, jede Entscheidung des Schiedsrichters zu kommentieren. Der lacht sich ja auch nicht tot, wenn wir einen Fehlpass spielen!" -

Ewald Lienen
(Bundesligatrainer)

Viele Trainer suchen die Schuld für Niederlagen zuerst beim Schiedsrichter. Kein Wunder, denn so ist schnell ein Schuldiger gefunden. Nach dem sonntäglichen Meisterschaftsspiel wird im Vereinsheim lang und breit darüber diskutiert, welche Situation der Unparteiische hätte anders pfeifen müssen: In der 17. Spielminute entschied er zum Beispiel fälschlicherweise auf Ecke für den Gegner. Und kurz vor der Halbzeit stand der gegnerische Stürmer ganz klar im Abseits. „Ich war auf gleicher Höhe und habe es genau gesehen," heißt es dann vielerorts.

Herzlichen Glückwunsch dazu!

Schon während des Spiels verwenden einige Trainer mehr Energie darauf, die Leistung des Schiedsrichters zu beurteilen (besser: niederzumachen) als ihrer eigentlichen Aufgabe, dem Coaching, dem kompromisslosen Unterstützen der eigenen Mannschaft, dem Führen einzelner Spieler, nachzukommen. Übermäßige und lautstarke Kritik bringt schwache oder unerfahrene Schiedsrichter gegen die eigene Mannschaft auf (in der Kreisliga sind in der Regel auch die Schiedsrichter auf Kreisliga-Niveau, weshalb sie nun mal in der Kreisliga und nicht in der Bundesliga pfeifen).

Gehader steckt deine Spieler an

Du bist als Trainer das Vorbild und musst Dir jederzeit darüber im Klaren sein. Was hält deine Spieler von Schiedsrichterkritik ab, wenn Du sie ihnen durch dein Verhalten vorlebst? Abgesehen davon, dass wir alle froh sein sollten, dass sich Menschen für kleines Geld als Schiedsrichter bereitstellen, kannst Du die (menschlichen) Fehler auch dann nicht abstellen, wenn Du Dich übermäßig darüber auslässt. Gepfiffen ist gepfiffen. Wie oft hast Du schon persönlich erlebt, dass ein Schiedsrichter seine Entscheidung zurücknimmt? Zwei Mal in zwanzig Jahren? Drei Mal? Worauf Du als Trainer Einfluss hast, sind deine Spieler und deren Leistung. Konzentriere Dich darauf!

Gerade in unteren Spielklassen pfeifen häufig dieselben Schiedsrichter deine Spiele. Sie vergessen nicht so schnell. Sei stets höflich und freundlich. Tue deiner Mannschaft einen Gefallen und mache Dir den Schiedsrichter zum Freund - nicht zum Feind!

Das einzige, was von deiner Seite zum Schiedsrichter geäußert werden sollte, ist ein ausgewähltes Lob bei einem guten Pfiff. Auch Schiedsrichter sind Menschen und freuen sich darüber.

„Fußball ist einfach, aber es ist schwer, einfach zu spielen.“ -

Johan Cruyff

#10
Fairplay

Das meiste, was ich über die Moral des Menschen weiß, verdanke ich dem Fußball." -

Albert Camus
(französischer Schriftsteller)

Der Begriff des Fairplay ist mittlerweile leider sehr überladen. In allen Ligen dieser Welt gibt es Fairplay-Aktionen, es gibt den Fairplay-Anstoß, in einigen Jugendligen wird gar ohne Schiedsrichter im Fairplay-Modus gespielt. Die Idee ist wichtig, ehrenvoll und lobenswert.

Ein Hund ist aber noch kein Schaf, nur weil man ihm einen weißen Baumwollpullover überzieht!

Fairplay muss gelebt und nicht vorgebetet werden. Fairplay bedeutet gerechtes, ehrliches und anständiges Spielen. Es handelt sich - bei all dem umkämpften Wettbewerb - um ein moralisches Grundprinzip, das den Rahmen vorgibt, in dem sich jeder Sportler bewegen sollte.

Warum ein fairer Sportsmann langfristig profitiert

Als Trainer solltest Du ein faires Spiel und alles, was damit einhergeht (vor)leben - und dieses nicht bloß von deinen Spielern einfordern. Fordere keine Karten, spiele nicht auf Zeit, sondern betreibe ehrlichen Sport!

Du magst denken: Fairplay ist gut und wichtig, aber wie trägt es dazu bei, dass ich der beste Trainer werde, der ich sein kann? Ganz einfach: Wenn Du unfair spielst und auch die letzte Gelegenheit nutzt, um Dir einen Vorteil zu ergaunern, wird das vielleicht hier und da gut gehen. Ja, vielleicht wirst dadurch sogar mal ein Spiel gewinnen, weil deine Mannschaft dank einer von Dir geforderten, aber unberechtigten Ecke gewinnt. Vielleicht schüchterst Du die gegnerischen Spieler so sehr ein, dass sie abgelenkt sind. Aber auf lange Sicht wirst Du so als unfair abgestempelt und nicht gern gesehen.

Vor allem, wenn Du Ambitionen hegst, Trainer einer höherklassigen Mannschaft zu werden, wirst Du als unfairer Coach wohl kaum zum Gespräch eingeladen. Oder würdest Du als Verantwortlicher jemanden einstellen, der das Image deines Vereins beschädigt?

Zusätzliche Gedanken

Es gibt eine unendlich große Palette an Themenfeldern und Tipps, die man hinzufügen könnte und vermutlich müsste. Ich habe mich in diesem ersten Versuch auf einige wichtige Punkte beschränkt, die Dir schnell behilflich sein können und langfristig positive Auswirkungen nach sich ziehen werden. Konzentriere Dich zunächst gezielt auf wenige Schwerpunkte, statt möglichst viele Themen nur grob anzureißen!

Der Amateurfußball wird weiterhin von einer auf Kritik basierten Fehlerkultur und veralteten Denkmustern dominiert. Gerade in unteren Spielklassen beschränken sich Trainer überwiegend auf das, was bereits geschehen und nicht mehr zu ändern ist. Es wird weit und breit ausgeführt, was schlecht gelaufen ist anstatt zu besprechen, wie es beim nächsten Mal verbessert werden kann.

Ein guter Trainer steht seinen Jungs immer positiv gegenüber. Er muss eine Menge vereinen - vom grundlegenden Basiswissen bis zum letzten kleinen Detail. Er vereint geballtes Fachwissen, ausgeprägte soziale

Fähigkeiten, gute Methodik und weist wichtige persönliche Eigenschaften auf.

Jeder Trainer ist anders. Es gibt die emotionalen Typen à la Jürgen Klopp, die Fach-Genies wie Pep Guardiola und Spieler-Versteher vom Kaliber eines Jupp Heynckes. Das wirklich Schöne am Trainerdasein ist, dass es absolut unmöglich ist, jemals auszulernen. Im Fußball ist keine Situation genau gleich und so entstehen zwangsläufig ständig neue Blickwinkel und unvorhersehbare Situationen. In jedem Training und bei jedem Spiel ergeben sich daraus neue Ideen und Lerneffekte. Wenn Du fortan versuchst, gezielter hinzusehen, wenn Du Dir Kritik annimmst und Dich und deine Methoden ständig hinterfragst, wenn Du lernwillig und wissbegierig bleibst, dann bist Du bereits auf dem richtigen Weg, der beste Trainer zu werden, der Du sein kannst!

Ich hoffe, Du hast dich gut unterhalten gefühlt. Falls Du Dich hier und da wiedergefunden und eventuell sogar positive Erkenntnisse gewonnen hast, hat sich der Aufwand für mich schon gelohnt.

Danke fürs Lesen und viel Erfolg auf deinem eigenen Weg!

Danksagung

Mein größter Dank geht an all jene Trainer, die so vielen jungen Menschen unermüdlich und uneigennützig (und überwiegend ehrenamtlich!) einen Rahmen bieten, der ihnen das Erlernen unseres wunderschönen Fußballsports überhaupt erst ermöglicht. Diese Arbeit ist wichtiger als irgendjemand zu sagen vermag und das kann man nicht genug herausstellen.

Ich bedanke mich auch bei allen Trainerkollegen, die mir beim Schreiben dieses Buches mit wertvollem - auch kritischen - Rat zur Seite gestanden haben. Einige davon sind zu Freunden geworden.

Mit einem kleinen Augenzwinkern bedanke ich mich ebenfalls bei allen Trainern, die mich durch ihre uninspirierte und ignorante Art am Spielfeldrand zum Schreiben dieses Buches getrieben und letztlich durchhalten lassen haben.

Was möchtest Du nach dem Lesen verbessern? Hast du vielleicht sogar weiterführende Gedanken entwickelt?

Impressum

Marker Allee 30, 59063 Hamm

ISBN: 9781098607869

Über den Autor

Mark Saitz wurde am 24. Mai 1982 in München geboren. Nach langer Zeit als Fußballtrainer im Ausland kehrte er vor einigen Jahren zurück in seine Heimatstadt. Dort lebt er mit seiner Frau und zwei kleinen Kindern.

Viele Stationen als Jugendtrainer haben dem engagierten A-Lizenz-Inhaber eine Menge über den Fußball gelehrt. Heute hilft er mit seiner Erfahrung vielen wissbegierigen Coaches auf Lehrgängen und Workshops.

„Nachwuchstrainer wäre eine schöne Sache. Mir hat der Fußball so viel gegeben an Lebenserfahrung und Lebensfreude, dass ich mir denke, es ist meine Pflicht, einen Teil davon an die nächste Fußballgeneration weiterzugeben." –

Anton „Toni" Polster

Ich kann es mir als Verantwortlicher für die Mannschaft nicht erlauben, die Dinge subjektiv zu sehen. Grundsätzlich werde ich versuchen, zu erkennen, ob die subjektiv geäußerten Meinungen subjektiv oder objektiv sind. Wenn sie subjektiv sind, dann werde ich überlegen und vielleicht die objektiven subjektiv geäußerten Meinungen der Spieler mit in meine objektiven einfließen lassen –

Erich Ribbeck